COLONEL MALHER

LA

QUESTION DU TOUAT

DES MOYENS DONT LA FRANCE PEUT USER

POUR

FAIRE PÉNÉTRER SON INFLUENCE DANS LA RÉGION DES AREG

(Extrait de la *Revue militaire universelle*)

PARIS | LIMOGES
11, PLACE SAINT-ANDRÉ-DES-ARTS | 46, NOUVELLE ROUTE D'AIXE, 46

HENRI CHARLES-LAVAUZELLE

Éditeur militaire

1895

LA

QUESTION DU TOUAT

Colonel MALHER

LA
QUESTION DU TOUAT

DES MOYENS DONT LA FRANCE PEUT USER

POUR

FAIRE PÉNÉTRER SON INFLUENCE DANS LA RÉGION DES AREG

(Extrait de la *Revue militaire universelle*)

PARIS   **LIMOGES**
11, Place Saint-André-des-Arts || 46, Nouvelle Route d'Aixe, 46

Henri CHARLES-LAVAUZELLE

Éditeur militaire

—

1895

INTRODUCTION

——

Le 26 octobre 1891, à la Chambre des députés, le Ministre des affaires étrangères, répondant à une question qui lui était posée, déclarait que le traité de 1845, qui délimite la frontière entre l'Algérie et le Maroc, laisse en dehors des stipulations les oasis du Touat, et que la convention anglo-française de 1890 comprend ces oasis dans la zone d'influence reconnue à la France.

« Il ne saurait y avoir au sujet du Touat, ajoutait le Ministre, aucune source de difficultés ni de contestations quelconques ; il ne s'agit là que d'une question de police que la France peut juger plus ou moins urgent de régler, mais qui ne touche en rien aux intérêts des autres puissances. »

A l'heure actuelle, novembre 1894, si la France reconnaissait l'urgence de régler cette question de police, serait-elle à même de se faire obéir ?

——

LA
QUESTION DU TOUAT

—

Dans les premiers jours du mois de novembre 1893, quelques journaux ont parlé de projets d'expédition militaire au Touat auxquels le Gouvernement se serait refusé à donner suite ; d'autres, se rappelant avec raison qu'à certains moments le silence est d'or, ont aussitôt affirmé que ces projets n'avaient jamais existé.

Les opérations préliminaires, les concentrations de troupes qu'exige une expédition, ne peuvent guère, de nos jours, se faire en secret, et la presse est trop désireuse de renseigner ses lecteurs pour se préoccuper des conséquences que peuvent avoir ses indiscrétions.

Quoi qu'il en soit des projets, plus ou moins exactement définis, qui ont été révélés, il est un fait certain : c'est que l'administration algérienne s'attend à ce qu'une action de force contre le Touat devienne prochainement une nécessité.

Depuis la fin de 1892, elle a commencé à prendre certaines mesures qui démontrent son intention bien arrêtée de se préparer en vue de cette éventualité : un premier fortin a été construit à Hassi Inifel; l'emplacement de deux autres, dans la direction d'Insalah et dans celle de l'Aouguerout, a été peu après définitivement choisi (1) ; enfin, les travaux ayant pour but de prolonger le chemin de fer d'Aïn Sefra jusqu'au poste avancé de Djenan bou Zezg seraient, dit-on, à la veille d'être entrepris.

Tous ces préparatifs et d'autres, que nous ne croyons pas utile d'indiquer, ne permettent pas de douter qu'on ne songe, en haut lieu, à pouvoir agir, un jour, efficacement contre le Touat.

La France ne pourra plus supporter longtemps encore l'espèce d'interdiction dont les Touatiens l'ont frappée et qui, en empêchant toute communication commerciale ou autre entre elle et les populations de l'extrême sud, recule le moment où elle sera libre d'exercer les droits que lui a concédés la convention anglo-française du 5 août 1890 (2).

Mais la question, quoi qu'on en ait dit, est complexe et délicate ; de plus, elle a été mal engagée ; des difficultés nouvelles sont venues, dans ces dernières années, se greffer sur celles qu'elle présentait à l'origine, et l'on a trop tardé à se mettre en mesure de les aborder de front.

A l'heure actuelle, une action de force contre le Touat n'est pas possible, et le Gouvernement s'en rend compte, s'il n'ose avouer que ses longues hésitations sont la cause première de son impuissance.

Il est utile, croyons-nous, que l'opinion publique voie clair dans la situation et puisse apprécier les efforts que le Gouvernement et le pays vont, avant peu, se trouver dans la nécessité de faire.

Deux questions se posent :

1° La France a-t-elle, à l'heure présente, les moyens

---

(1) Il a été décidé que l'un d'eux porterait le nom du maréchal de Mac-Mahon, l'autre celui du général de Miribel.

(2) Par cette convention, en échange de certaines concessions, l'Angleterre reconnaît à la France le droit de faire pénétrer son influence dans tout le sud de ses possessions méditerranéennes jusqu'à une ligne, restant à fixer, et allant de Say sur le Niger à Baroua sur le lac Tchad.

d'exercer une pression vigoureuse sur le Touat sans risquer de compromettre la paix avec le Maroc et de soulever
un conflit européen?

2º Si elle ne dispose pas de ces moyens, peut-elle se les
procurer, se les créer à bref délai?

***

Une expédition militaire, entreprise dans des conditions
normales, n'aurait quelques chances de réussir que si elle
était tentée à la fois par l'ouest et par l'est : par l'ouest pour
couper le Touat, du côté d'Igli, de ses communications avec
le Maroc; par l'est, pour fermer les marchés du Tidikett
et de l'Aoulef, isoler ces régions et leur interdire toute
relation avec Rhadamès, Rhat, le Soudan.

Du côté de l'ouest nous avons à Aïn Sefra une base
d'opérations qui pourrait, avant deux ans, être portée
un peu plus au sud, à Djenan bou Zezg, et, mieux, à Megtha
Dermel (1); mais, de ce dernier point à Igli, on compte
environ 280 kilomètres, soit vingt à vingt-cinq jours de
marche, à la condition toutefois que les populations des Douï
Menïa, des Oulad Djezir, des Beni Guil, que les habitants
de Figuig n'opposent pas de résistance et que le Maroc
ne les incite pas à prendre les armes.

Or, il est à présumer que les Figuiguiens, les premiers,
s'inquiéteront de nous voir nous avancer dans la vallée de
l'oued Zouzfana, et que nous serons fatalement amenés
à leur imposer notre autorité et à nous emparer de leur
oasis.

---

(1) La garnison d'Aïn Sefra entretient plusieurs postes avancés, entre
autres un à Djenan bou Zezg. Les ressources en eau, sur ce point, sont
minimes. Megtha Dermel en offre davantage et semble, à tous les points
de vue, mieux convenir comme station terminus du chemin de fer de
Saïda à Aïn Sefra prolongé. Megtha Dermel n'est qu'à une vingtaine
de kilomètres à l'est des kçours de l'oasis de Figuig; mais on verra plus
loin que l'utilité d'y amener la voie ferrée qui s'arrête actuellement à
Aïn Sefra est très contestable.

Ce faisant, nous nous attaquerons à un territoire que le traité de 1845 (1) reconnaît formellement comme relevant du sultan du Maroc, et ce dernier sera fondé, sinon à invoquer le secours des puissances européennes, du moins à se considérer comme en guerre avec la France.

Admettons un moment que ce danger puisse être écarté, que rien ne nous oblige à nous installer à Figuig, qu'enfin nous puissions même, dans certaines limites, fermer les yeux sur l'hostilité des populations du Sud Marocain, il n'en faudra pas moins, pour assurer la sécurité des convois et celle de la ligne de communications, établir de distance en distance de forts postes de soutien, qui diminueront d'autant l'effectif de la colonne expéditionnaire.

Celle-ci, parvenue à Igli, devra compter encore bien près de 3.000 combattants pour pouvoir se porter sur le Timmi. Comme il n'est pas possible d'évaluer à moins de 2.000 hommes le nombre de ceux qu'elle aura dû laisser sur ses derrières, c'est donc à environ 6.000 hommes que devra s'élever l'effectif des troupes, si les conditions dans lesquelles celles-ci auront à opérer, dès le début, sont des plus favorables.

La route de Megtha Dermel à Igli, par l'oued Zouzfana, est praticable, relativement facile, suffisamment jalonnée

---

(1) Le traité de 1845 a été conclu au lendemain de la bataille d'Isly et des expéditions contre Mogador et Tanger. Il n'a, depuis, subi aucune modification, et c'est vainement que, à plusieurs reprises, le gouvernement français s'est efforcé d'obtenir de l'empereur que l'indécision qui règne dans sa rédaction, principalement au sujet de la délimitation des frontières, fût rectifiée : toujours on s'est heurté au mauvais vouloir, à la force d'inertie du gouvernement marocain.

Mais, en ce qui concerne l'oasis de Figuig, il n'y a aucune incertitude, un des articles du traité est formel : cette oasis, celle d'Ich, relèvent de la suzeraineté de l'empereur du Maroc.

Jusque dans ces dernières années, ce souverain cependant n'exerçait aucune autorité sur Figuig. Les habitants de cette oasis ne se sont résignés à lui payer l'impôt et à accepter la présence d'un kaïd nommé par lui que depuis que nous nous sommes établis d'une façon permanente à Aïn Sefra.

de ressources en eau : au delà d'Igli, dans la vallée de l'oued Messaoura, elle semble devoir offrir plus de difficultés, sans que cependant ces difficultés soient de nature à causer de vives préoccupations.

Il est incontestable que l'occupation d'Igli serait déjà un premier succès qui en ferait entrevoir d'autres.

Elle préviendrait, en effet, toute communication entre le Tafilalelt, le Maroc et la région des Areg, et empêcherait l'arrivée dans cette dernière des munitions de guerre, des armes et de ces bandes d'aventuriers indigènes ou européens toujours en quête d'occasions qui leur procurent les moyens de vivre au milieu du désordre (1).

L'occupation d'Igli constituerait donc un sérieux résultat, qui aiderait, dans une large mesure, à l'action d'une colonne venant de l'est et marchant pour donner la main à la colonne de l'ouest.

Réduits à leurs seules ressources, les kçours du Touat seraient incapables de prolonger une vive résistance. Toutefois, il serait imprudent de ne pas tenir compte de celle qu'ils opposeraient au début et de ne pas se rappeler les défenses si honorables qu'ont su faire, jadis, les oasis de Zaatcha, de Laghouat et d'Aïn Chaïr.

Pour que l'effet produit par l'arrivée à Igli de la colonne de l'ouest fût complet, presque immédiat, il faudrait que cette colonne pût, sans désemparer, continuer sa marche, qu'elle n'eût pas à se préoccuper des tribus du Sud Marocain.

---

(1) La contrebande de guerre ne s'effectuerait plus seulement par les ports du Maroc, avec la complicité du gouvernement marocain.

Le commerce anglais cherche déjà à tirer parti de son comptoir de Villoria-Post, à l'embouchure de l'oued Draâ, sur la côte transatlantique : il expédierait certainement par le Tafilalelt, sur Igli, le plus d'armes et de munitions qu'il lui serait possible.

Le commerce des armes et des munitions avec le Maroc a pris une réelle extension dans ces dernières années. Les Espagnols en ont profité dans une large mesure : on sait ce qu'il leur en coûte aujourd'hui.

Ce serait se faire illusion que de croire que ces populations, essentiellement belliqueuses (1), resteront indifférentes en présence des progrès que feront nos troupes et qu'elles ne prendront pas fait et cause pour les Touatiens, dès qu'elles verront leurs intérêts, qui sont les mêmes que ceux de ces derniers, gravement compromis. Qu'on n'en doute pas : elles n'attendront pas, pour courir aux armes, que le sultan les y incite, et nous ne tarderons pas à être obligés de les réduire et, par suite, de nous détourner du but primitif de nos opérations.

Examinons maintenant les conditions dans lesquelles la ou les colonnes de l'est pourraient s'avancer dans la direction de l'ouest ou du sud-ouest.

Elles ne disposeront, comme point de départ, comme base d'opérations, que du poste d'El Golea (2) ; or, ce poste n'est pas relié à la côte par un chemin de fer, comme l'est Aïn Sefra, comme pourra l'être, avant peu, Megtha Dermel. Trente jours de marche le séparent de la station terminus de la voie ferrée qui, d'Alger par Médéa, doit, dans l'avenir, gagner Laghouat. Enfin, les transports sur

---

(1) Au printemps de 1870, une colonne, que commandait le général de Wimpffen, s'est avancée, du nord au sud, à l'ouest de Figuig, en descendant l'oued Guir jusqu'à Et Toumiat, à 100 kilomètres environ au nord-ouest d'Igli. C'est sur ce point qu'elle dut briser les dernières résistances des Doui Menia. La lutte fut des plus vives. Au retour, la colonne tenta, mais sans y réussir, de s'emparer du kçour d'Aïn Chaïr ; partout elle eut affaire à une population vaillante, qui s'est énergiquement défendue.

Il faut compter qu'aujourd'hui le gouvernement marocain ne resterait pas neutre, et que ces populations ne manqueraient ni de munitions ni d'armes perfectionnées. La résistance qu'elles pourront nous opposer sera certainement plus grande qu'en 1870. Les moyens que nous avons mis en œuvre, à cette époque, seraient bien probablement insuffisants aujourd'hui.

(2) Ouargla est située dans de mauvaises conditions hygiéniques et, d'ailleurs, beaucoup trop à l'est. Ouargla, il est vrai, grâce au chemin de fer de Biskra, est plus près de la côte, mais cet avantage se trouve largement compensé par les difficultés du trajet et la longueur de la route d'Ouargla à El Golea.

Ghardaïa, Tuggurt et Biskara ne peuvent guère s'effectuer qu'à dos de chameau.

Une ou deux colonnes qui se formeraient à El Golea, en vue de marcher vers le sud sur le Tidikelt, et vers le sud-ouest pour donner la main à la colonne venant d'Igli, auraient tout d'abord à franchir plus de 300 kilomètres dans une région bien autrement difficile que celle de l'Oued Zouzfana et qui n'offre que de loin en loin d'insuffisantes ressources en eau, du moins actuellement.

Il leur faudrait être aussi fortement outillées que la colonne de l'ouest, car elles auraient à vaincre les résistances des premières oasis qu'elles rencontreraient, et l'on sait le parti que savent tirer les Kçouriens des moyens défensifs que leur offrent les forêts de palmiers, les murs en pisé qui entourent leurs villages, relient ces derniers les uns aux autres et constituent autant de retranchements derrière lesquels le courage individuel trouve de solides appuis.

Il serait donc imprudent de réduire au-dessous de 2.000 à 2.500 combattants l'effectif de chacune de ces colonnes, qui auront à agir dans des directions divergentes et qui, dès la première ou la deuxième étape, se trouveront à une distance telle l'une de l'autre qu'il leur sera impossible de se prêter appui. Encore faut-il admettre que, dans ce chiffre de 2.000 combattants, ne seront pas compris les détachements à laisser en arrière, sur les points d'eau et pour la garde des communications.

On aurait tort de compter s'aider de l'influence qu'exerce, dans certains districts, principalement au Gourara, la famille des Oulad Sidi Cheikh Cheraga, pour diriger sur ces districts, de Geryville ou d'Aïn Sefra, quelques convois de ravitaillement : on serait dans la nécessité d'utiliser les routes de caravanes qui, du nord au sud, traversent les Areg ; or, cette seule traversée exige six à sept journées de marche, sans eau. Le voie de l'Oued en Namous est exposée aux attaques des djiouchs des tribus marocaines ; celle de l'Oued Gharbi, plus sûre mais aussi plus longue, est plus difficile dans la deuxième partie de son parcours. Afin d'être à même de pourvoir à leur sécurité et de se faire respecter, les convois qui prendraient ces routes devraient avoir le caractère de véritables petites colonnes expéditionnaires.

Rien de moins certain, d'ailleurs, que les espérances que l'on pourrait fonder sur le prestige religieux des Oulad Sidi Cheikh : il est permis de douter que la seule influence (1) de ces marabouts suffise à nous faire ouvrir les portes des kçours, qu'il faudrait traverser avant de rejoindre les colonnes, et un échec aurait de telles conséquences qu'il convient de ne pas s'y exposer.

El Golea, malgré sa situation, malgré ses bonnes conditions hygiéniques, malgré ses abondantes ressources en eau, ne constitue donc pas, à l'heure présente, une bonne

---

(1) Cette influence est fortement battue en brèche depuis le jour où les Oulad Sidi Cheikh ont fait leur soumission à la France. Un des leurs, un des plus considérés, Si Kaddour, a semblé se refuser à venir habiter Géryville, mais, en réalité, n'est resté au Touat que pour y surveiller les intérêts de sa famille ; il y a une situation difficile ; bien des Touatiens redoutent l'ambition des Oulad Sidi Cheikh Cheraga et craignent de leur voir prendre l'autorité. Si Kaddour a à lutter non seulement contre leur mauvais vouloir, mais aussi contre les intrigues d'un marabout de la branche marocaine des Oulad Sidi Cheikh Gharaba, le fameux Bou Amama, qui, un moment, a été pour nous un adversaire dangereux.

Bou Amama jouit d'une influence religieuse qui lui est personnelle : en haine des chrétiens, il semble s'être mis au service de l'empereur du Maroc, mais on croit savoir qu'il est mécontent de ne pas avoir obtenu de ce souverain le commandement qu'il ambitionnait — peut-être n'est-il qu'à acheter : il est pauvre, besoigneux — mais son influence est réelle et oblige Si Kaddour à compter avec elle.

Bou Amama est né à Figuig et, comme tous les Oulad Sidi Cheikh Gharaba, est sujet marocain de par le traité de 1845. Si le sultan n'a pas voulu en faire son principal représentant au Touat, c'est, sans doute, en raison de la part active que, en 1881, Bou Amama a prise à la lutte contre la France : sa nomination d'agha ou de khalifa de l'empereur au Touat aurait eu la signification d'une véritable déclaration de guerre.

base d'opérations ; son importance, au point de vue militaire, a été trop longtemps méconnue ; on a trop tardé à
mettre ce poste en état de jouer le rôle qui lui est destiné,
à amener, ne fût-ce qu'à Ghardaïa ou même à Laghouat,
le chemin de fer qui n'arrive encore qu'à Berrouaghia.

***

Une double opération militaire contre le Touat ne met-
trait pas seulement la France aux prises avec des difficultés d'exécution d'un caractère tout spécial, elle aurait en
outre pour conséquence fatale une rupture avec le Maroc
et, par suite, de graves complications diplomatiques.

Il a déjà été fait quelques allusions à ce danger : il nous
reste à le définir en entrant dans quelques explications
qui feront bien comprendre quelle est exactement la situation de la France vis-à-vis du Maroc.

Le traité de 1845 est toujours en vigueur, mais le sultan
s'est constamment refusé à faire cesser l'indécision qui
règne dans sa rédaction ; qui plus est, il ne veut pas admettre que la convention anglo-française de 1890, con-
clue il est vrai, en dehors de toute intervention de sa part,
puisse donner à la France le droit d'exercer son action, de
faire pénétrer son influence au Touat ; plus que jamais il
affecte de prétendre à la suzeraineté sur les populations
de cette région.

Comme preuve à l'appui des droits qu'il revendique,
il allègue que, jusque dans ces derniers temps, le gouvernement français ne lui a jamais contesté ces droits, que
tout au contraire ce gouvernement a fait appel à son intervention chaque fois que, pour une raison ou pour une
autre, il a pensé que cette intervention pouvait l'aider à
entrer en relations avec les djemaâ des oasis des Areg.

Ce fait est malheureusement exact ; du moins il est incontestable que l'administration algérienne, nos agents

diplomatiques de Tanger, ont, à plusieurs reprises, fourni au gouvernement marocain l'argument dont celui-ci se sert aujourd'hui.

Il a fallu du temps, de longues années même, avant que nous ayons acquis une parfaite connaissance du caractère tout particulier des rapports existant entre les habitants du Touat et l'empereur du Maroc.

De ce que nous savions que la prière du vendredi se faisait, dans les mosquées du pays, au nom du chérif de Fez, nous avions trop facilement conclu que celui-ci était aussi le chef politique reconnu par la population, et plusieurs fois, croyant aider dans leur mission les explorateurs qui cherchaient à pénétrer au Touat, le gouvernement de l'Algérie et les agents diplomatiques représentant la France auprès du Maroc ont pensé bien faire en sollicitant du sultan des lettres de recommandation (1) pour les djemâa des oasis des Areg.

---

(1) Parfois, il a été aussi demandé de pareilles lettres au chérif d'Ouezzan, le chef de l'ordre de Muley Taïeb, le second grand personnage de l'empire, au point de vue religieux, après l'empereur, le chérif de Fez.

Mais les lettres du premier étaient adressées uniquement à ses serviteurs religieux ; celles émanant de l'empereur s'adressaient « aux Kabyles de notre territoire ..... ». On saisit la nuance.

Il est juste d'ajouter que ces lettres n'ont jamais produit aucun effet sur les djemâa, qui tantôt affectaient de les croire fausses, tantôt prétendaient avoir reçu des instructions directes qui leur interdisaient de laisser pénétrer des Européens dans leurs oasis.

L'Allemand Gérard Rolphs est le seul Européen qui ait pu parcourir le Touat. C'était en 1863 : il y arrivait par le Maroc, et, grâce à une intervention toute spéciale du chérif d'Ouezzan, qui n'était pas encore notre protégé, il put se faire passer pour un agent de l'ordre de Muley Taïeb et fut bien accueilli partout. Peut-être aussi s'est-il présenté comme un ennemi des Français, des chrétiens. On serait assez tenté de le croire et de penser qu'il avait une mission secrète : on s'expliquerait alors la faveur et les facilités dont il a joui pendant son voyage.

Gérard Rolphs a publié de son voyage une relation des plus intéressantes, mais il évite de divulguer le secret qu'il serait curieux de pouvoir percer.

C'était, évidemment, reconnaître à ce prince, sur ces djemâa, un certain droit d'autorité ; nous commettions là une erreur dont nous avons trop tardé à nous apercevoir.

Depuis lors, une partie de la population du Touat, se voyant plus directement menacée par les progrès de la France dans le sud, s'est rapprochée du Maroc et a paru vouloir resserrer les liens, autrefois plus religieux que politiques, qui la rattachaient au chérif de Fez. Tout s'est borné, au début, à des envois de cadeaux portés par des députations ; on ne s'engageait à rien : aucun impôt, aucun tribut n'était consenti ni surtout acquitté régulièrement.

Mais, dans ces dernières années, depuis surtout notre établissement à El Golea, les craintes que la France inspirait se sont accrues ; le rapprochement dont nous parlons plus haut s'est accentué ; toutefois, il n'est encore que superficiel.

Le Touat ne forme pas une fédération : ce n'est qu'une agglomération de populations. Chaque district est indépendant de son voisin, s'administre séparément ; seuls les intérêts commerciaux, les besoins de l'existence, peuvent amener ces districts à s'entendre et, à un moment donné, à se réunir en vue d'une action commune.

Or, on sait pertinemment que les djemâa n'ont pas abdiqué le pouvoir, même celles qui ont consenti à recevoir des kaïds nommés par l'empereur. Beaucoup d'entre elles se refusent encore à toute apparence de soumission ; dans certains districts même où la France compte des partisans, il y a eu lutte et le sang a coulé.

Pas plus aujourd'hui que dans le passé (sauf au XVIe siècle) le sultan n'exerce donc une autorité réelle, incontestée, sur le Touat ; la déférence qu'en certains lieux on affecte de témoigner à ses ordres, à ses représentants, n'est inspirée que par la crainte de la domination française, par la croyance (que répandent les émissaires du gouvernement marocain) qu'en se plaçant sous la protection de ce dernier on éloignera tout danger du côté de la France.

Les Touatiens de deux maux choisissent celui qui leur paraît le moindre. Ils savent que l'autorité française serait vite effective : ils s'effrayent moins de la domination marocaine, qu'ils sont certains de pouvoir secouer le jour où ils n'auront plus intérêt à se dire sujets de l'empereur.

Ce souverain n'est donc pas fondé à alléguer, à l'appui de ses prétentions à la suzeraineté du Touat, l'assentiment unanime de la population des Areg. Quant à l'erreur que nous avons commise jadis en lui attribuant sur cette population une autorité qu'il n'exerçait pas alors, qu'il n'exerce pas davantage aujourd'hui, elle ne saurait lui constituer un argument probant, qu'il puisse raisonnablement invoquer.

Aucune clause du traité de 1845 ne fait, en effet, allusion au droit de suzeraineté du sultan sur le Touat. Les négociateurs marocains n'ont pas demandé qu'on en fît mention, tandis qu'ils ont tenu à ce que les droits de leur maître sur les oasis d'Ich et de Figuig fussent bien constatés ; et cependant ce dernier était alors dans l'impuissance (1) absolue d'obtenir des habitants de cette dernière oasis la moindre preuve d'obéissance.

Non seulement il n'a été fait aucune réserve, mais il semble même que, au moment des négociations, on ignorait qu'il existât dans la région des Areg des centres nombreux habités par une population sédentaire. L'article VI du traité, en effet, est ainsi conçu :

« Au delà des deux oasis d'Ich et de Figuig, comme il n'y a pas d'eau, que le pays est inhabitable et que c'est le désert, toute délimitation est superflue. »

---

(1) Il n'y à peine que huit ans que Figuig a réellement reconnu la suprématie de l'empereur ; encore l'autorité de ce souverain est-elle plutôt nominale que réelle.

En présence des termes de cette rédaction, il est inadmissible que les négociateurs marocains aient eu l'arrière-pensée de se réserver en vue de l'avenir un prétexte quelconque à une revendication de commandement. Ils étaient alors de bonne foi, de même que les représentants de la France, qui étaient, eux, très excusables d'ignorer en 1845 ce qu'était réellement la région des Areg (1).

On serait volontiers porté à croire que ce n'est que le jour où la France a accentué ses progrès dans le sud, quand surtout ses agents ont commis la faute d'attribuer au sultan une autorité politique à laquelle il n'avait jusqu'alors jamais prétendu, que le gouvernement marocain s'est avisé du rôle qu'il pouvait jouer et a songé à revendiquer la suzeraineté du Touat.

Il ne se dissimule pas que le traité de 1845 ne lui donne aucun droit d'affirmer de pareilles prétentions; aussi n'agit-il pas ouvertement et se borne-t-il, plus ou moins secrètement, à profiter des dispositions d'esprit où se trouve la population des Areg pour amener peu à peu cette dernière à se donner à lui.

La France commettrait une grosse faute en lui en laissant le temps, en tolérant qu'une puissance voisine, avec laquelle elle est en paix, puisse abuser d'une situation mal définie pour soutenir contre elle une lutte sourde et lui créer des difficultés. Or, en agissant directement sur les

---

(1) Ce n'est guère qu'à dater du jour où les postes de Géryville et de Laghouat ont été créés qu'on a reconnu les inexactitudes que contenait l'article VI du traité; la lumière s'est faite : ces postes, puis ceux de Ouargla, de Ghardaïa, ont été autant de phares qui ont éclairé le Sud et révélé tout ce que l'éloignement, une longue période de luttes, avaient jusqu'alors laissé dans une presque complète obscurité.

De 1858 à 1861, quelques officiers du bureau arabe de Géryville purent bien aller à El Golea, mais en accompagnant le khalifa Si Hamza; encore fallait-il que ce grand chef, pour rassurer les châamba mouadhi, alléguât comme prétexte de son voyage l'intention de ne s'occuper que des intérêts de sa famille. Quant à pousser jusqu'au Touat, il n'y avait pas à y songer.

habitants du Touat pour les obliger à commercer avec nous, à nous ouvrir les portes de leurs kçour, nous sommes assurés de ne rien faire à l'encontre du traité de 1845.

Aux yeux de l'Angleterre, la question n'a jamais fait de doute, la convention de 1890 en est la preuve.

Mais, si la France a le droit incontestable de chercher à faire pénétrer son influence au Touat, ce n'est qu'à la condition de continuer à respecter, comme elle l'a fait jusqu'ici, celles des clauses du traité dont les termes sont indiscutables.

Par suite, il lui faut s'abstenir de toute attaque sur Figuig et reconnaître même qu'une démonstration militaire, tentée par l'Oued Zouzfana sur Igli, est susceptible de donner lieu à un conflit diplomatique, qu'elle a mille avantages à éviter.

Bien que l'article VI du traité de 1845 ne fasse aucune distinction entre les pays situés au sud des oasis d'Ich et de Figuig, on serait mal fondé à soutenir qu'Igli peut être considérée comme faisant partie du Touat. Cette oasis a sa vie, une organisation qui lui est propre; c'est un gîte d'étapes de caravanes ; rien d'autre que les intérêts qui leur sont communs ne rattache sa population à celle des Areg.

Chaque fois, d'ailleurs, que le gouvernement français a fait des démarches auprès de l'empereur dans le but d'obtenir la revision du traité de 1845 et une délimitation plus précise des frontières, il a toujours été admis, comme première donnée, que l'Oued Zouzfana, de Figuig à Igli, devrait former la ligne frontière.

Ce n'était là évidemment qu'une simple indication de nature à faire pressentir les idées dont s'inspirait le Gouvernement, mais les conseillers du sultan l'ont certainement retenue comme une preuve que la France ne se reconnaissait le droit de pénétrer dans l'ouest, au delà de l'Oued Zouzfana, que dans les cas prévus par le traité.

Or, ces cas sont formulés ainsi qu'il suit :

« Chaque souverain, ayant à réprimer les désordres de tels ou tels de ses sujets, a le droit de poursuivre ceux-ci, de les châtier à sa guise, mais sous la réserve de n'exercer aucune action sur les tribus de l'autre Etat. »

Il est vrai que, en plusieurs occasions, le gouvernement de l'Algérie ne s'est pas laissé arrêter par cette dernière restriction et notamment en 1870, quand une colonne française s'est avancée jusque sur l'Oued Guir; mais il pouvait alléguer qu'il cherchait à atteindre les Oulad Sidi Cheikh, alors dissidents, qui avaient trouvé un refuge au milieu des tribus marocaines de l'ouest; si, plus tard, il lui a fallu engager la lutte contre ces populations, ce fut à son corps défendant (1).

Un prétexte analogue, justifiant une marche sur Igli et l'occupation de cette oasis, nous ferait sans doute défaut aujourd'hui; nous ne serions par autorisés à considérer le passage sur ce point de la contrebande de guerre à destination du Touat comme un acte d'hostilité, et la prise de possession de Figuig, qui serait bien probablement jugée indispensable dès les débuts d'une opération, constituerait une véritable violation du traité de 1845.

La France doit se garder, pensons-nous, d'aller au-devant de difficultés diplomatiques dont certaines puissances

---

(1) Dès 1850, on fut bien forcé de reconnaître que la restriction formulée dans le traité rendait illusoire l'exercice de tout droit de répression. Si la France avait voulu l'observer scrupuleusement, elle eût été bientôt désarmée et dans l'impossibilité d'obtenir satisfaction des tribus restées marocaines, qui appuyaient ouvertement l'insubordination et la révolte de leurs frères, devenus sujets français.

Le gouvernement du sultan a parfois fait entendre quelques protestations, mais l'exposé de nos griefs, la preuve manifeste de son impuissance à leur donner satisfaction, l'ont toujours obligé à fermer les yeux. Toutefois, sur sa demande expresse et aussi dans l'intention de témoigner de notre respect pour les clauses du traité qui ne pouvaient prêter à discussion, nous nous sommes constamment abstenus de toute menace contre Figuig, et cela alors même qu'il était avéré que les habitants de cette oasis appuyaient d'une façon très active nos adversaires.

européennes ne tarderaient pas à profiter pour intervenir entre elle et le Maroc. Elle agira sagement en évitant d'entamer une lutte avec des populations dont la résistance pourrait l'obliger à un déploiement de forces et à des dépenses hors de proportion avec les résultats qu'elle peut attendre d'un succès.

Malgré les avantages que nous avons signalés et qu'offrirait une double opération dirigée contre le Touat, à la fois par l'ouest et par l'est, il convient donc que le Gouvernement se résigne à ne rien entreprendre que du seul côté de l'est, du côté d'El Golea ; là, du moins, il est assuré d'avoir son entière liberté d'action sans que le Maroc puisse élever la voix et se plaindre de la violation de son territoire.

Cette puissance sera alors réduite, pour nous faire obstacle, à agir en sous-main, à exciter le fanatisme religieux. Elle s'efforcera certainement de fournir à nos adversaires des secours en armes et en munitions, de leur envoyer des auxiliaires (1) et sans doute aussi de nombreux aventuriers européens ; mais elle sera incapable de soutenir les Touatiens par une force régulière, par ses propres soldats : la lutte se passera en dehors de son intervention, du moins sans qu'elle puisse l'avouer ouvertement, sans que le drapeau marocain soit franchement déployé en face du drapeau français.

La situation aura quelque chose d'analogue à celle qui existe actuellement au Tonkin, sur les frontières de la Chine, mais avec cette différence que, dans le sud de l'Algé-

---

(1) Il n'est pas prouvé que les Touatiens accepteront volontiers l'intervention des populations du Sud Marocain : ils ont toujours eu à se repentir d'avoir fait appel, dans leurs querelles intestines, à l'intervention de ces populations, essentiellement pillardes et qui ne reconnaissent aucune autorité. Peut-être hésiteront-ils à y avoir recours.

Bien des Touatiens ont résidé au milieu de nos tribus des Hauts-Plateaux et du Tell, nous connaissent et préféreraient nous subir plutôt que d'avoir affaire à leurs voisins de l'ouest et de s'exposer à leurs exigences.

rie, du côté d'El Golea, la France a plus de facilités, plus de moyens que dans l'Extrême Orient de faire sentir son action, d'imposer sa volonté.

S'il est aujourd'hui prématuré de songer à une expédition militaire pour obliger les habitants du Touat à compter avec la France, celle-ci cependant est loin d'être désarmée : elle peut, si elle le veut, arriver en peu de temps à se faire écouter.

⁂

Que doit-elle désirer ?

Obtenir ses entrées sur les marchés qui lui ont été fermés jusqu'ici ; des garanties de sécurité absolue pour ceux de ses nationaux qui voudront se fixer dans les oasis ; la facilité, pour ces derniers, de commercer, à leur guise, de lier des relations avec les Touareg et, avec l'aide de ceux-ci, de faire pénétrer jusqu'au Soudan les produits de l'industrie française ; enfin, voir accepter et reconnaître, par les gens du Touat, la suprématie de la France, sous la seule réserve qu'il ne sera pas apporté de modifications à l'organisation politique et administrative des oasis, mais que les djemâa des districts relèveront du commandement français.

Tel est le minimum des satisfactions que la France doit vouloir obtenir. Dans ce but, il lui suffit d'exercer sur les populations du Touat une pression telle que celles-ci soient forcées de lui ouvrir les portes de leurs kçour, sous peine d'être privées de toutes relations commerciales avec l'extérieur, et, par suite, des principales ressources qui les font vivre.

Les Touatiens sont, avant tout, des commerçants. Le Tidikelt est le centre des relations commerciales, le caravansérail obligé où, comme l'écrivait déjà, en 1860, le général de Colomb (alors lieutenant-colonel, comman-

dant supérieur de Géryville), les caravanes viennent forcément se former, se reposer et entreposer leurs mar-
chandises.

C'est dans le district d'Insalah que se tient le marché le
plus important, celui où s'opèrent, en dernier lieu, les
échanges entre les produits européens, ceux du Souf, du
Maroc, du Touat, et ceux apportés de l'extrême sud, du
Soudan.

Les habitants de ce district sont en rapports constants
avec les Touareg-Hoggar, avec les commerçants du M'zab
algérien, du Souf, de Rhadamès, de Rhat et du Maroc.

Les habitants du Touat proprement dit, des oasis de la
vallée de l'oued Messaoura, sont plutôt en relations avec
Tinbouctou et avec le Maroc par Igli : une partie d'entre
eux se bornent, comme la plupart des gens du Gourara, à
servir d'intermédiaires, de courtiers commerciaux, entre
les oasis du pays et les caravanes du Maroc, de Figuig et
celles de nos tribus nomades (1).

C'est un véritable monopole, en réalité, dont jouissent,
de temps immémorial, en raison de la situation particulière de leurs oasis, les habitants du Tidikelt, principalement ceux d'Insalah, et c'est la crainte de perdre ce monopole et les bénéfices qu'il leur rapporte, bien plus que le
fanatisme religieux et l'amour de leur indépendance, qui
les fait se refuser à toute entente, à toutes relations avec la
France.

Leurs appréhensions sont partagées — et cela se comprend — par leurs voisins, qui s'inquiètent de la pertur-
bation que des rapports fréquents et directs avec le
commerce algérien apporteront inévitablement à leurs
habitudes séculaires ; tous s'effraient, enfin, à la pensée

---

(1) Les caravanes des Hamcyan, des Trafi, etc., ne vont pas au delà
du Gourara : chaque tribu a une oasis où elle a ses habitudes, où elle
trouve les intermédiaires dont elle a besoin.

des modifications qu'on nous prête l'intention de faire subir aux anciens usages et des entraves qu'on nous croit décidés à mettre au commerce des esclaves (1).

Avec du tact et des ménagements, nous parviendrons à calmer ces inquiétudes, à rassurer tous les intérêts ; mais, tout d'abord, il nous faut vouloir prouver que nous sommes assez forts pour ruiner ces intérêts, qu'il ne dépend que de nous de priver les Touatiens de leur plus important marché et des ressources qui assurent leur existence et font leur fortune. Qu'on n'en doute pas, il n'est pas nécessaire, pour atteindre ce résultat, de se lancer dans une entreprise en vue de laquelle rien n'a été encore suffisamment préparé, de risquer les chances d'une expédition militaire dont le succès serait incertain parce que sa durée serait forcément limitée. La France a un moyen plus sûr d'arriver à agir sur les Touatiens : c'est d'isoler pendant quelque temps, pendant quelques mois, les oasis du Tidikelt et d'empêcher les caravanes d'y entrer ou d'en sortir.

Le jour où elle disposerait, à El-Goléa, d'une force vraiment mobile, solidement constituée, appuyée de distance en distance, dans des directions bien choisies, par des postes-magasins, ce jour-là les habitants du Tidikelt et, à leur suite, ceux du reste du Touat, seraient bien près de

----

(1) Le commerce de l'esclave, amené du Soudan, se fait surtout, aujourd'hui, directement de Tinbouctou sur le Maroc ; il a sensiblement diminué avec l'Est, par Insalah, mais il existe toujours : les indigènes de nos tribus savent parfaitement où et à qui s'adresser pour se procurer les esclaves dont ils ont besoin.

Nous commettrions une faute, au début et à notre arrivée au Touat, en voulant mettre obstacle à ce commerce ; nous ne parviendrions pas à l'interdire et nous ne ferions qu'indisposer gravement des populations qu'il nous faut, au contraire, ménager et rassurer : « *Paris,* a dit Henri IV, *vaut bien une messe.* » D'ailleurs, le sort de l'esclave, dans la famille musulmane, n'est pas malheureux. L'esclavage est une institution réglée par le Coran et inhérente à l'organisation de la sociétéarabe. Ce n'est qu'à la longue, avec le temps, comme cela est arrivé dans le Tell algérien, qu'elle subira quelques modifications restrictives.

s'avouer vaincus, de s'amender et de consentir à faire droit aux justes exigences de la France.

Par des pointes fréquentes, des démonstrations brusques et inopinées, poussées au loin jusqu'aux abords des oasis, cette force mobile arriverait promptement à jeter la terreur dans la population de ces oasis et à lui rendre la vie impossible.

Une partie de cette population est de race touareg, mène une existence nomade : dès qu'elle se verrait gênée dans ses habitudes, dans ses migrations, constamment obligée à être sur le qui-vive, à s'abriter, elle, ses tentes, ses troupeaux, sous les murs des kçour ou dans les forêts de palmiers qui entourent ces kçour, elle ne tarderait pas à peser sur les décisions des djemâa, des commerçants habitant les oasis.

Au premier moment, tous, certainement, s'uniront pour la défense commune : les gens du Tidikelt appelleront à leur aide les Touareg-Hoggar, et ceux-ci viendront augmenter le nombre des coupeurs de routes, Châamba dissidents pour la plupart, qui, à l'heure présente déjà, constituent une menace de tous les instants pour les campements de nos tribus ; mais il n'y a rien là qui soit de nature à nous préoccuper gravement : les moyens d'action de la force mobile d'El-Goléa seront trop supérieurs pour que le succès soit douteux.

Les bandes de Touareg qui pourront intervenir se lasseront vite d'une guerre qui ne leur rapportera pas de bénéfices, et, comme tous les kçouriens, les Touatiens ne sont en état de faire de résistance sérieuse qu'à l'abri de leurs murs.

On devra se garder de se heurter à cette résistance ; il ne faudra pas demander aux détachements de la force mobile plus qu'ils ne peuvent donner.

Nous venons de dire à quoi devait se borner leur rôle, quelle devait être la mission de cette force mobile ; il nous reste à définir les conditions dans lesquelles il conviendrait, à notre avis, que celle-ci soit organisée pour être à même de la bien remplir.

*\
* *

L'existence nomade que mènent les Châamba (1), leur caractère indépendant, l'éparpillement dans lequel les condamnent à vivre et la pauvreté du sol et les soins qu'exigent leurs chameaux ne permettent pas de recruter parmi leurs tribus un maghzen qui soit toujours et promptement mobilisable. D'un autre côté, il serait peut-être imprudent de trop compter sur un maghzen qui serait exclusivement composé de gens des Châamba, car il existe, entre ces derniers et les Touatiens, des liens étroits, créés par d'anciennes relations, par des alliances de famille, et il est naturel de penser que, contraints de lutter les uns contre les autres, ils chercheront à se ménager le plus possible.

Mais on doit, néanmoins, pouvoir trouver chez les Châamba 50 ou 100 excellents méharistes qui, moyennant des avantages pécuniaires, consentiront à rester constamment, ou à tour de rôle, à la disposition du commandement français et à servir comme guides ou comme éclaireurs.

A certains moments, ils seraient secondés par des goums plus ou moins nombreux, formés aussi de méharistes et commandés dans les tribus par les soins des

---

(1) Les Châamba forment trois groupes qui gravitent: les Bou-Rouba, au sud d'Ouargla ; les Berezga, au sud de Metsili ; les Mouadhi, au sud d'El Goléa. Chaque année, à l'époque des chaleurs, ils se rapprochent de leur kçar pour faire la récolte des dattes et renouveler leur approvisionnement ; ils y déposent tout ce qui pourrait les embarrasser dans leur vie nomade. Les Berezga sont ceux sur lesquels notre action s'exerce actuellement avec le plus d'effet.

kaïds. Ces hommes recevraient également, pendant la durée de leur convocation, une solde journalière et auraient droit, dans des cas prévus, à des indemnités supplémentaires ; ils renforceraient la troupe, en partie européenne, montée elle-même à méhari, qui constituerait la véritable force mobile, la maghzen d'El Goléa, sorte de légion mixte, comprenant une trentaine de sapeurs du génie, ouvriers d'art et puisatiers, deux sections d'artillerie (1), et 5 à 600 fusiliers.

Recrutée, au moins pour un tiers, de volontaires pris dans les différents corps de l'armée d'Afrique, cette troupe serait assez nombreuse pour que ses détachements puissent, après chaque course, chaque séjour dans les postes avancés, venir se refaire, se reposer quelques semaines à El Goléa (2).

Sa complète organisation ne saurait être l'œuvre d'un jour : les essais, qui ont été tentés déjà, le prouvent : quelques mois, une année peut-être, seront nécessaires avant que les hommes appelés à faire partie du maghzen soient aptes à leur nouveau service. Le mehari est, en effet, un animal plus délicat qu'on ne le croit généralement ; plus encore que le chameau, il exige des soins entendus ; enfin, bien des Européens ne parviennent pas à s'accoutumer à la fatigue qu'il cause. Il faudra d'ailleurs un certain temps

---

(1) Artillerie de montagne, dont les pièces, les affûts, etc., seraient portés à dos de chameau. L'armée égyptienne a depuis longtemps de pareilles batteries légères, destinées à la guerre dans la région du haut Nil. C'est un précédent, un exemple qu'il nous faudra imiter. L'armement de ces sections comprendrait soit des mitrailleuses légères, soit des pièces de 80 pouvant tirer l'obus allongé, chargé de mélinite.

(2) La garnison proprement dite de ce poste, augmentée du nombre de soldats ouvriers et infirmiers d'administration nécessaires, ne ferait pas partie, bien entendu, du maghzen. Quelques-uns de ces ouvriers seraient mis à la disposition de ce dernier pour le service des postes-magasins et fréquemment relevés. Enfin, un peloton de spahis serait adjoint à la garnison pour l'escorte des convois de Goléa à Ghardaïa.

pour se procurer les 3 ou 400 mehara ou chameaux qui devront être achetés.

Mais on aurait tort de s'exagérer outre mesure toutes ces difficultés et de conclure des premiers essais, faits depuis 1887 et qui n'ont pas été heureux, qu'il n'y a rien à attendre d'une nouvelle épreuve. Les conditions dans lesquelles il a été procédé à ces premiers essais ont laissé beaucoup à désirer. L'administration algérienne s'est montrée à la fois trop parcimonieuse et trop timorée ; les officiers chargés de l'expérience n'ont jamais été libres d'user de la moindre initiative.

Il faudra profiter des leçons d'un passé encore récent. Plusieurs mois, sans doute, s'écouleront avant que la création du maghzen ait son plein effet ; mais, dès le début, elle produira, qu'on en soit convaincu, une émotion considérable parmi les populations du Touat. Il suffit de se rappeler l'impression causée sur ces populations par notre installation à El Goléa, en 1886 (1). Celles-ci ne se sont rassurées qu'en nous voyant rester, depuis, dans l'inaction : avec la mobilité d'esprit qui caractérise l'Arabe, elles ont pris notre apparente indifférence pour une preuve d'impuissance.

On trouvera sans peine assez d'hommes au caractère bien trempé pour accepter de mener la rude existence de moghazni d'El Goléa. Ils devront se résigner fréquemment à vivre, à la manière des indigènes, de rouïna, de café, de dattes et de quelques conserves ; mais, ces privations, des hommes choisis, fiers de leur mission, les supporteront, à un moment donné, sans en être éprouvés. Ils apprendront vite, au contact d'indigènes recrutés avec certaines précau-

---

(1) Elles se rappelaient que, dix ans avant, une colonne (commandée par le général de Galliffet) y était venue d'Ouargla et y avait séjourné avant de repartir par Metlili et le M'zab ; que, plus récemment encore, une autre colonne (commandée par le lieutenant-colonel Belin) y avait fait une courte apparition.

tions (1) dans les tribus qui possèdent des chameaux, à manier ces animaux et à leur donner, pendant les expéditions, les soins qu'ils demandent.

Qui veut la fin doit vouloir les moyens. Or, il faut bien reconnaître que la guerre dans la région des Areg, dans le Sahara, ne peut plus se faire dans les mêmes conditions que sur les hauts plateaux, aux confins du Tell algérien; il y a nécessité d'employer une tactique nouvelle, d'imiter les procédés des habitants du pays et de n'agir, comme eux, que par petits groupes.

Des colonnes de 1.000, 1.500 à 2.000 hommes, les seules qu'on puisse, à l'heure actuelle, espérer mettre en mouvement, seraient encore trop lourdes pour opérer par surprise; il serait, en outre, presque impossible de songer, à un moment donné, à les réunir pour frapper un coup, et, seules, elles ne seraient pas assez fortes pour se risquer à l'attaque d'une vaste oasis.

Au contraire, des détachements de 50 à 100 hommes du maghzen, secondés par des goums de Châamba, auront toute la mobilité désirable pour apparaître, à l'improviste, tantôt sur un point, tantôt sur un autre, pour courir après les caravanes, pour obliger les gens du Tidikelt à vivre sous les murs de leurs kçour, à l'abri des forêts de palmiers qui entourent généralement ces kçour.

Parfois, quelques-uns de ces détachements, plus fortement constitués, pourront même s'approcher davantage et

---

(1) Il est certainement possible de recruter un certain nombre d'indigènes dans les tribus moitié telliennes, moitié sahariennes du département d'Alger et de Constantine. On les utiliserait comme convoyeurs, comme gardiens de chameaux. On se sert déjà à Ghardaïa, à Ouargla, de moghazni à pied originaires du pays. On trouverait aussi, dans les régiments de tirailleurs, quelques hommes ayant la pratique du chameau et faits à la discipline militaire.

Enfin, les avantages pécuniaires accordés à ces moghazni ne tarderaient pas à être connus et attireraient probablement des nègres du Sud et de l'Ouest; mais, au premier moment, il n'y a pas à compter sur cette dernière ressource.

trouver l'occasion d'user de l'artillerie; quelques obus, chargés de mélinite, produiraient des effets terribles et achèveraient de semer la terreur parmi les habitants de l'oasis(1).

Il n'y a pas à mettre en doute qu'ainsi comprise, la mission de la force mobile d'El Goléa n'aboutisse, en peu de temps, à rendre la vie impossible aux populations du Touat, et que celles-ci ne soient contraintes à demander la paix.

Les détachements de cette force mobile trouveront d'utiles points d'appui dans les deux fortins que l'administration algérienne a fait construire, l'un sur la route directe d'El Goléa à Insalah, l'autre sur celle d'El Goléa à Bouguemma ou à Timimoun. (Oasis importantes du sud du Gourara).

Peut-être eût-il été préférable de s'installer fortement vers Hassi Aoulougui, au sud d'Hassi Inifel, où un poste-magasin avait été précédemment établi ; d'Hassi Aoulougui on aurait été à même de surveiller Hassi Msegguem (2) et les abords est et sud-est d'Insalah.

On a craint, sans doute, d'être entraîné à relier, tout au moins par un poste provisoire placé à Aïn Insokki, les deux points d'Hassi Inifel et d'Hassi Aoulongui ; quoi qu'il en soit les deux fortins (Mac-Mahon — Miribel), construits au sud d'El Goléa, constitueront de réels points d'appui qui faciliteront la tâche de la force mobile : ils aideront certainement à la poursuite des bandes de coupeurs de route, de dissidents.

---

(1) Nous ne mettons pas en doute que la pièce de 80ᵐᵐ de montagne puisse tirer, avec sécurité, l'obus à la mélinite.

(2) Hassi Msegguem, au sud du grand Erg, de l'Erg des Châambaà, est un nœud de routes : on a dit de ce point qu'il était la clef qui devait nous ouvrir les portes d'Insalah. C'est du moins une des clefs qui nous assureraient l'accès de cette oasis. C'est, en effet, un des points de passage forcés des caravanes qui vont du Tidikelt dans l'est et de celles qui, de l'est, se rendent à Insalah.

On a pu dire toutefois, avec quelque raison, qu'on avait mis la charrue devant les bœufs lorsqu'on a décidé la construction de ces fortins avant de disposer d'une force suffisante et vraiment mobile. Il est certain que ces fortins ne sont encore qu'un embarras : il faut les ravitailler, relever fréquemment leurs garnisons : celles-ci sont trop faibles, trop insuffisamment outillées pour avoir quelque action extérieure, pour prévenir ou arrêter des incursions.

Elles sont donc sans utilité à l'heure actuelle et la nécessité de les relever, de les ravitailler à époque fixe, peut devenir un danger; on en a eu la preuve tout récemment : le détachement qui accompagnait un convoi au fort Mac-Mahon s'est vu attaqué de nuit, au puits de Bou Khan-four (1) par un rezzou de dissidents : l'affaire a été chaude, le convoi un instant compromis; sans l'énergie et le sang-froid du sous-lieutenant commandant le détachement, un désastre eût été possible.

Il faudra dorénavant constituer plus solidement les escortes des convois pour ne pas courir la chance d'un revers, qui aurait un fâcheux retentissement et de graves conséquences.

La situation ne se modifiera que lorsque l'autorité militaire disposera d'une force vraiment mobile, présentant une réelle cohésion et capable de s'éclairer au loin.

Jusqu'à ce qu'il nous soit possible de battre effectivement le pays, d'aller relancer les dissidents, les gens de la région des Areg jusque sous les murs de leurs oasis, nous

---

(1) L'affaire de Bou Kanfour a eu lieu dans la nuit du 9 au 10 septembre 1894. Elle nous a coûté cinq morts et huit blessés. On n'a trouvé sur le terrain que cinq cadavres ennemis : il est à supposer que les dissidents ont éprouvé plus de pertes, mais qu'ils ont emporté leurs blessés et leurs morts.

Il est à regretter que l'on n'ait pas osé lancer sur les traces de l'ennemi le goum de Metlili : peut-être a-t-on jugé que son action serait trop tardive : se fût-il borné à une simple démonstration que celle-ci eût eu encore un heureux effet.

resterons sous le coup de leurs attaques, de leurs surprises, et les fortins que nous avons élevés ne nous seront d'aucune utilité.

L'Arabe ne s'incline que devant la force : quand il lui faut traiter avec les chrétiens, il a besoin de se justifier à ses propres yeux et aux yeux des siens; il lui faut une raison à invoquer, comme une excuse, comme un signe évident de la volonté de Dieu.

Si, lors du voyage du gouverneur général de l'Algérie, en 1892, à El Goléa, nous avions été en mesure d'appuyer nos avances conciliatrices par une action énergique, si nous avions disposé d'une force réelle vraiment mobile, il est probable que l'accès du Tidikelt nous aurait été ouvert.

Ce voyage est resté sans résultat (1) : l'insuccès était fatal. Ces sortes de palabres ne peuvent que compromettre et diminuer le prestige du premier représentant de la France.

Résumons ce qui précède :

Une expédition contre le Touat par Igli est grosse d'aléas; elle nous entraînerait à un déploiement de forces hors de

---

(1) Nos partisans au Touat n'ont reçu que de vaines promesses : l'affectation avec laquelle les Oulad Sidi Cheikh ont tenu à prouver aux Châamba le crédit dont ils jouissent auprès de l'autorité française n'était pas faite pour donner confiance à ces derniers. Quant à la prétendue soumission de Si Kaddour, elle n'a été qu'un coup de théâtre : Si Kaddour, en effet, n'était resté au Gourara que pour y surveiller les intérêts de la famille des Oulad Sidi Cheikh Cheraga. Véritable chef militaire de celle-ci, il a été, jadis, notre plus dangereux adversaire, mais il est l'oncle de Si Hamza, le chef religieux incontesté de la famille : s'il s'est refusé à venir avec ce dernier habiter Géryville, c'est qu'il ne lui convenait pas d'y être au second rang : resté seul au Touat, il demeurait son maître, pouvait veiller aux intérêts des siens, mais n'était plus notre ennemi.

proportion avec le but à atteindre ; elle amènerait presque infailliblement la rupture du traité de 1845 et donnerait par suite à certaines puissances européennes l'occasion d'intervenir sous le prétexte de garantir l'intégrité du territoire marocain. Ce nous serait, d'ailleurs, une nécessité d'appuyer cette expédition du côté de l'est et de diriger à sa rencontre, d'El Goléa vers Insalah ou vers Bou-Guemma et Timimoun, une ou plusieurs colonnes.

Etant données les distances à franchir et l'incertitude quant au point où la jonction pourrait se faire, une pareille opération semble bien délicate, même dangereuse.

Quant à se borner à agir uniquement du côté de l'Est, en lançant deux colonnes dans la direction d'Insalah et dans celle de Bou-Guemma, il n'y a pas à y songer tant que le poste d'El Goléa ne sera pas mieux outillé qu'il ne l'est encore pour servir de base d'opérations. On éviterait, il est vrai, tout motif de conflit, de rupture avec le Maroc, tout sujet d'incidents diplomatiques ; mais les colonnes auraient à surmonter dès les premières marches, dès qu'elles auraient dépassé les fortins Mac-Mahon et Miribel, des difficultés matérielles avec lesquelles il convient de compter.

L'insuffisance des ressources en eau, la nécessité de restreindre le plus possible les moyens de transport, obligeraient à ne donner à ces colonnes qu'un effectif de 2.000 à 2.500 combattants. Trop éloignées l'une de l'autre pour se prêter appui, il serait à craindre qu'elles ne fussent pas assez fortes pour venir à bout des résistances que les Touatiens leur opposeraient derrière les murs de leurs oasis.

Si en 1870 le général de Wimpffen avait attaqué, à l'aller, le kçar d'Aïn Chaïr, dont il n'a pu avoir raison au retour, la marche en avant de l'expédition qu'il commandait eût été arrêtée et jamais il n'eût pu atteindre l'Oued Guir.

Un échec, même peu sérieux, que viendraient à éprouver nos armes sous les murs d'Insalah, de Bou Guemmâ ou de Timimoun, relèverait la confiance de nos adversaires, détruirait notre prestige et, de longtemps, il faudrait renoncer à une nouvelle entreprise contre le Touat.

Le gouvernement a donc eu mille fois raison, si ce qu'on a dit est vrai : qu'à la fin de 1893, il s'est opposé à ce qu'une expédition militaire fût tentée dans la région des Areg : il a jugé sainement qu'une semblable expédition ne pouvait se décider brusquement.

Le ministre de la guerre eût été coupable de céder à un faux point d'honneur, de permettre que l'armée, dont l'honneur lui est confié, assumât la responsabilité de mener à bien, quand même, une opération de guerre en vue de laquelle il n'avait pu être pris aucune des mesures préparatoires strictement indispensables.

Il est certainement à regretter que l'importance du rôle qu'El Golea est appelé à jouer n'ait pas été mieux comprise et que, depuis 1890 surtout, l'administration algérienne n'ait pas fait tout ce qui était nécessaire dans le but de tirer de ce poste avancé tout le parti qu'il offrait.

Ce n'est, en effet, qu'en 1891, quand depuis quatre ans nous occupions El Golea, qu'il a été demandé aux chambres de voter : 1° un crédit de 300.000 francs pour les études de la voie ferrée d'Aïn Sefra à Djenan bou Rezg (1); 2° un crédit de 255.600 francs pour porter les forces d'El

---

(1) Le chemin de fer de Saïda à Aïn Sefra, en permettant l'entretien d'une colonne mobile permanente sur le dernier point, assure la sécurité du sud-ouest algérien. Y avait-il utilité à le prolonger jusqu'à Djenan bou Rezg ou à Megtha Dermel ? C'est douteux. Figuig est aujourd'hui étroitement surveillé : il n'est pas absolument nécessaire de pouvoir amener à 25 kilomètres de cette oasis un parc léger de siège : il n'y a pas à espérer que cette voie ferrée puisse être jamais prolongée par la vallée de l'Oued Zouzfana jusqu'à Igli. Enfin l'importance du commerce qui se fait avec Figuig ne semble pas telle qu'il y ait grand intérêt à rapprocher de ce centre le terminus du chemin de fer de Saïda dans le sud-ouest.

Dans ces conditions on peut se demander s'il y avait lieu de procéder à des études préliminaires ; si, surtout, il convient de commencer ou de

Golea de l'effectif de 60 hommes montés à mehari à un effectif d'une compagnie de tirailleurs, de deux compagnies d'infanterie, d'une section d'artillerie, de 50 spahis, et d'un détachement d'ouvriers et d'infirmiers militaires.

C'était à la fois trop et trop peu : trop si l'on ne voulait qu'assurer la garde d'El Golea, trop peu si l'on entendait tenir sérieusement le pays et prévenir ou arrêter les incursions des gens des Areg.

Après l'achèvement du chemin de fer de Saïda à Aïn Sefra, après surtout la convention anglo-française de 1890, le gouvernement de l'Algérie ne pouvait plus se dissimuler qu'un jour ou l'autre l'obligation de pénétrer au Touat s'imposerait à la France.

Dès 1879 la question d'une action de force contre Insalah avait été examinée : à cette époque une grande commission que présidait M. le général de Colomb et dont faisaient partie MM. les généraux Arnaudeau et Colonieu, avait fait entendre un premier avertissement ; elle avait appelé l'attention des pouvoirs sur l'hostilité des habitants du Touat, sur la nécessité où la France se trouverait fatalement, à un moment donné, d'avoir raison de cette hostilité.

Il y avait lieu, concluait cette commission, de prendre sans tarder des mesures en vue de cette éventualité.

Plus tard, en 1881, le congrès de Paris insistait pour que le réseau des voies ferrées stratégiques du Sahara fût entrepris à bref délai.

On n'a pas assez tenu compte de ces avis ; on a trop longtemps attendu pour se créer les moyens d'agir efficacement contre les Touatiens. Les quelques mesures prises dès 1887, dès l'occupation d'El Goléa, étaient insuffisantes (1);

---

poursuivre les travaux. Ce serait disséminer les efforts, les dépenses, à l'heure où il est préférable de les concentrer dans l'est, du côté d'El Golea.

(1) On a tenté un premier essai de compagnie montée à mehari qui

les crédits tardivement demandés en 1891 ne pouvaient permettre d'améliorer sensiblement la situation. Par suite le commandement à El Golea est resté sans force, sans moyen d'action.

* * *

Il serait injuste, toutefois, de rendre l'administration algérienne seule responsable de cette situation, des retards et du manque de prévision que nous signalons.

En effet, quand on a substitué, en Algérie, à la direction militaire une direction essentiellement civile, on a cru, du moins on a dit qu'on fermait à jamais « *l'ère des difficultés voulues, préméditées* », — qu'on renonçait « *aux conquêtes décevantes* », — que « *le règne fécond de la paix devait succéder définitivement au tumulte improductif des armes* ».

Mais les événements n'ont pas tardé à montrer quelles illusions on s'était faites.

Les mêmes difficultés, les mêmes nécessités en présence desquelles se trouvait autrefois l'autorité militaire, l'administration civile les voit, depuis plus de quatre années, se dresser devant elle. Après avoir promis la paix, celle-ci, à son tour, est réduite à songer à la guerre et à solliciter des crédits pour la préparer.

Aussi longtemps qu'elle a pu, elle a reculé devant cet aveu qu'il lui coûtait de faire, certaine qu'elle était à l'avance de se voir accusée d'exagération, de ne recueillir que le doute et l'incrédulité.

Trop d'intérêts divers attendent impatiemment qu'il leur soit donné satisfaction : ils sont énergiquement soutenus et se montrent exigeants.

Tandis que le sud du département d'Alger ne peut leur

---

n'a rien donné. On a recommencé à la fin de 1893 avec une centaine de tirailleurs nègres choisis dans les trois régiments d'Algérie.

ouvrir qu'un champ restreint d'action, au contraire, aux portes de Constantine, la vallée de l'Oued Rhir semble leur promettre les plus belles espérances.

Comment réagir, comment amener l'opinion à reconnaître que l'heure n'est pas venue encore de ne songer uniquement qu'au développement de la fortune publique; qu'il y a lieu de prévoir des éventualités de guerre, qu'il faut s'y préparer? Comment, par exemple, l'administration algérienne serait-elle parvenue à démontrer la nécessité de construire entre Alger et Lághouat ou Ghardaïa une voie ferrée sans grand avenir commercial, simplement destinée à faciliter un jour une opération militaire?

L'eût-elle tenté, eût-elle mieux compris qu'il était de son devoir de ne pas laisser les esprits s'endormir dans une fausse sécurité, que l'administration algérienne eût été impuissante à faire s'incliner devant l'intérêt général les nombreux intérêts qui, de toutes parts, réclamaient qu'on s'occupât d'eux.

Nous n'exagérons pas : la preuve de ce que nous avançons se trouve formulée, tout au long, dans le remarquable rapport de la commission d'enquête sur l'Algérie que présidait M. Jules Ferry et aussi dans le discours prononcé devant le Sénat (juin 1893) par M. le gouverneur général Cambon.

Ce haut fonctionnaire était, on en conviendra, plus à même que qui que ce soit d'apprécier et les faits et la situation; bien qu'il ait cru devoir garder une certaine réserve, son intervention a suffi pour décider un vote presque unanime du Sénat, prescrivant au gouvernement de se préoccuper de la prompte réorganisation du pouvoir central en Algérie.

La lumière se fait donc : on reconnaît que ce pouvoir central, dépouillé en 1881 de ses prérogatives essentielles, réduit à un rôle uniquement représentatif, s'est trouvé sans autorité, sans force pour trancher les discussions que soulèvent journellement les rivalités d'intérêts ; on commence enfin à comprendre combien il était prématuré de vouloir considérer l'Algérie comme un prolongement de la France, qu'il y avait là une illusion dont il faut revenir !

L'Algérie est, en effet, un pays conquis et ses frontières, demeurées mal définies, nous exposent à de trop fréquents conflits pour que, de longtemps encore, on puisse espérer se passer du concours de l'armée et négliger de préparer l'action de cette dernière.

Les faits ont parlé et l'on en vient aujourd'hui à une plus juste appréciation des choses ; il serait donc peu équitable de faire peser sur l'administration algérienne l'entière responsabilité des fautes commises, des retards apportés à l'organisation de puissants moyens d'action dans le sud et à la construction d'un chemin de fer, fût-ce d'une simple ligne à voie étroite, reliant El Golea à la côte méditerranéenne.

Une large part de cette responsabilité incombe à l'esprit public, à la population de l'Algérie et aux auteurs des décrets de 1881, qui n'ont pas compris que, dans un pays à peine soumis, l'autorité du premier représentant de la mère patrie devait être sinon absolue, du moins prépondérante.

*
* *

A l'heure actuelle, le gouvernement n'a plus le loisir d'attendre que la voie ferrée qui mettra El Golea en communication directe avec Alger puisse être construite et atteigne El Ghardaïa ou seulement Laghouat.

L'hostilité toujours croissante des habitants du Touat, les agissements du gouvernement marocain (1) dans la

---

(1) Le sultan Muley Hassan est mort au commencement de l'année 1894 ; les troubles, les compétitions qui se sont produits à l'avènement de son

région des Areg, créent à la France l'obligation d'agir et d'agir énergiquement dans un bref délai.

Nous croyons avoir prouvé qu'elle en a les moyens, que du moins elle peut, en constituant sans perdre de temps, à El Golea, une force mobile sérieuse, s'assurer des résultats qu'une expédition militaire entreprise sans préparation suffisante ne permettrait pas d'espérer.

Si, ce que nous nous refusons à croire, l'action de cette force mobile, du maghzen, n'amenait pas la prompte soumission du Touat, tout d'abord celle du Tidikelt; si, plus tard, il fallait en venir à une véritable opération de guerre, ce maghzen, dont on disposerait déjà, constituerait un solide appoint, une aide pour nos colonnes, aide dont celles-ci ne sauraient se passer et qu'il serait nécessaire de créer si elle n'existait pas.

Mais, en même temps que de l'organisation du maghzen d'El Goléa, il y aurait une réelle utilité à ce que le gouvernement s'occupât de l'organisation du commandement dans les régions du sud des départements d'Alger et de Constantine.

Il a bien été apporté quelques modifications à cette dernière dans le courant de 1893, puis plus récemment en décembre 1894 (1); mais, pour ne pas diminuer les res-

---

fils et successeur, le jeune Abd el Azis, ont pu faire que l'attention du gouvernement marocain se soit un peu détournée du Touat. Dès que le gouvernement sera moins préoccupé de l'avenir, dès que l'agitation qui règne dans le Riff et aux portes mêmes de Fez, sera calmée, il faut s'attendre à ce que, de nouveau, les intrigues recommencent dans la région des Areg, à ce qu'on y contrecarre notre action par tous les moyens possibles, sans toutefois rompre ouvertement.

Si nous étions prêts, ce serait pour nous le moment d'agir : le gouvernement marocain a actuellement de trop graves préoccupations pour pouvoir s'intéresser aux Touations et leur venir en aide.

(1) Le décret du 9 décembre 1894 crée une subdivision à Laghouat, une autre à Aïn Sefra.

L'annexe d'El Goléa, le cercle de Ghardaïa relèveront, à l'avenir, du commandement militaire de Laghouat.

sources financières de ces deux départements et avantager l'un au détriment de l'autre, on a conservé l'ancienne répartition des tribus nomades au risque de laisser le commandement direct de ces tribus dans l'impossibilité de s'exercer avec toute l'unité d'action désirable.

A notre avis, le chef supérieur de la force mobile du sud-est devrait, au moins pendant un certain temps et jusqu'à ce que la question du Touat soit réglée, être à la fois le chef militaire, administratif et politique des populations qui relèvent actuellement de Ghardaïa, d'Ouargla, de Tuggurt et d'El Golea. Provisoirement, ce dernier poste devrait même être le centre de la direction des affaires et du commandement dans le sud-est de l'Algérie (1).

La question de la création de ce vaste commandement n'est pas nouvelle : elle a soulevé, elle soulèvera encore bien des objections, que le cadre de ce mémoire ne nous permet pas de discuter. Disons seulement que plusieurs de ces objections, et des plus sérieuses, semblent avoir perdu de leur poids depuis que la situation dans le sud fait de plus en plus souhaiter que le commandement y jouisse de toute l'initiative, de toute l'indépendance conciliables avec la responsabilité qui incombe au pouvoir exécutif sous un régime parlementaire.

Le gouvernement, croyons-nous, arriverait sans trop de difficulté à mettre d'accord les divers intérêts en présence, à faire patienter ceux qui se montrent trop exigeants et à

---

(1) El Golea pourra sembler dans une situation un peu excentrique pour être le centre du commandement dans le sud. A l'heure actuelle, ce dernier ne saurait être placé ailleurs ; le Touat, Insalah principalement, est notre objectif ; c'est d'El Golea que doit partir la direction des efforts à faire pour l'atteindre.

Des lignes télégraphiques, des moyens de communication devront être créés entre ce poste, Ouargla et Tuggurt ; les chefs de ces derniers postes, surtout celui d'Ouargla, pourront avoir une certaine liberté d'action, mais à la condition de s'inspirer des vues et des instructions du commandant supérieur d'El Golea. Il serait mis à leur disposition une fraction de la force mobile.

sauvegarder ceux dont dépend la sécurité de la colonie ; mais il est essentiel qu'il ait dans le sud, pour le renseigner, pour suivre les événements, pour parer rapidement à toutes les éventualités qui peuvent se produire, un représentant dont l'autorité ne soit pas contestée et s'étende sur les troupes mises à sa disposition aussi bien que sur toutes les populations qui confinent du côté de l'est avec le Touat.

C'est là une des nécessités qui s'imposent à l'heure actuelle : avant tout, il faut prouver aux Touatiens qu'ils ne sont pas hors de portée de nos coups.

* * *

Pendant longtemps gênée — nous avons fait voir comment — dans sa liberté d'action, l'administration algérienne a espéré pouvoir tenter la conquête pacifique de l'extrême Sud algérien. Elle a compté sur les efforts de hardis explorateurs et aussi sur l'influence de plusieurs grandes familles religieuses.

Malgré le courageux dévouement dont ils ont fait preuve, ces explorateurs n'ont pu encore arriver à se mettre en relations suivies avec les Touaregs ; les tentatives faites directement par le gouvernement d'Alger pour amener ces populations à une entente ne permettent guère de croire à un prompt succès.

Quant aux influences sur lesquelles il a cru pouvoir faire fond, elles l'ont peu ou mal servi.

Le chérif d'Onezzan (1) n'a pas réussi au Gourara, en 1892, dans la mission qu'il avait acceptée, d'autres disent

---

(1) Si Abd es Selam, chérif d'Onezzan, chef de l'ordre de Muley Taïeb, le second, après l'empereur, grand personnage religieux du Maroc, était le protégé de la France depuis quelques années et son prestige religieux en avait souffert : ses goûts très accentués pour la civilisa-

qu'il avait sollicitée. Devenu le protégé de la France, il avait contre lui l'empereur du Maroc. Dès son arrivée au Touat, il se vit combattu par les partisans, les émissaires de ce souverain, et tout le prestige religieux qui s'attache à son nom, à sa famille, n'a pas empêché que ses jours ne fussent menacés.

Les serviteurs des Oulad Sidi Cheik Cheraga — et ils sont nombreux au Gourara — auraient pu intervenir, le protéger tout au moins ; ils ont laissé faire, obéissant évidemment au mot d'ordre qui leur avait été donné par Si Kaddour au moment de son départ pour aller saluer le gouverneur général à El Golea.

C'est que les Oulad Sidi Cheik tenaient à nous prouver que, en dehors d'eux, nous ne devions faire fond sur aucune personnalité, sur aucune influence : ils rêvent de se créer, dans la région des Areg, une grande situation, analogue à celle dont jouissait leur famille, en 1860, du temps du khalifa Si Hamza, dans le pays de Géryville, sur les populations des hauts plateaux de la province d'Oran. Leur influence ne s'exerce que dans un but tout personnel ; ils affectent, il est vrai, de paraître la mettre à notre ser-

---

tion européenne avaient achevé de le compromettre et de diminuer son influence.

Besoigneux, il a certainement eu en vue, en s'aidant de notre appui pour aller au Gourara, de réchauffer le zèle de ses serviteurs et de récolter d'abondantes ziara. Arrivé à Aïn-Sefra, il a longtemps hésité à se mettre en route : il était bien renseigné sur l'accueil qui l'attendait et que lui préparaient et les agents du sultan et les jalousies des Oulad Sidi Cheik. Il se décida cependant à partir. La réception qui lui fut faite a été un piteux échec pour son prestige : ses serviteurs se sont vus dispersés ; il a couru un moment des dangers ; il a pu s'échapper, mais il ne s'est pas remis de ses émotions et est mort à Onezzan peu de temps après son retour.

Son dévouement à la France, pour avoir été intéressé, n'en était pas moins réel. Son fils aura de grandes difficultés à relever l'influence religieuse de la famille, si, comme son père, il veut se montrer fidèle partisan de la France ; toutefois, il ne peut renoncer à être son protégé sans s'exposer à être à la discrétion du sultan.

vice, mais ils ne nous aideront réellement que le jour où nous leur promettrons de satisfaire leurs vues ambitieuses.

Que le gouvernement français soit très éloigné d'en avoir la pensée, nous n'en voulons pas douter ; mais peut-être son attitude vis-à-vis des grands chefs de cette famille y laisse-t-elle croire plus qu'il ne convient. En tout cas, ceux-ci ont habilement profité de la considération qu'on leur témoignait pour affirmer, aux yeux des populations du Sud, pendant le voyage du gouverneur général à El Golea, le crédit et l'autorité dont ils affectent de jouir auprès du premier représentant de la France.

En constatant les honneurs, les égards dont ils étaient l'objet, en les voyant prendre place aux côtés du gouverneur dans sa voiture, les Châamba se sont demandé si, avant peu, un des principaux chefs des Oulad Sidi Cheik n'allait pas être placé à leur tête.

Or, les Touatiens, plus encore que les Châamba, malgré tout le respect qu'ils ont pour le caractère religieux des Oulad Sidi Cheik, redoutent par-dessus tout d'avoir à subir le commandement de cette famille : ils connaissent trop l'esprit autoritaire qui l'anime ; c'est même — et il peut sembler que, en haut lieu, on ne s'en rende pas assez compte — c'est même cette crainte qui est en partie cause de la résistance qui s'oppose à notre pénétration au Touat ; peut-être serait-il adroit de notre part et de bonne politique de ne pas prêter à croire, dans la région des Areg, que les intérêts de la France ne font qu'un avec ceux des Oulad Sidi Cheik Cheraga.

Si ces derniers ont au Touat (principalement au Gourara) de nombreux serviteurs, s'ils peuvent, sans se compromettre ouvertement vis-à-vis de nous, s'en servir pour contrecarrer notre action à un moment donné, ils hésiteront à aller trop loin dans cette voie : leur fortune aujourd'hui est bien en partie reconstituée, mais ils y regarderont à deux fois avant de renoncer au bien-être dont ils jouissent, qu'ils apprécient, et de se lancer à nouveau dans une vie d'aventures et de misères dont le souvenir est encore présent à leur mémoire (1).

Mécontents, ils le seront certainement quand ils verront le gouvernement décidé à ne pas favoriser leurs rêves ambitieux, mais ils savent que l'influence, que l'ascendant qu'ils exercent sur les populations du Touat, ne sont pas tels qu'ils puissent, sans notre concours, arriver à faire accepter leur autorité.

Il n'y a donc à compter sur l'aide qu'ils peuvent nous donner que dans une certaine mesure (2). Que l'administration algérienne se soit fait quelques illusions au sujet de l'importance de cette aide, ce n'est pas douteux; qu'elle ait trop attendu du temps et de la politique d'atermoiement et de demi-mesures que, depuis 1887, elle a cons-

---

(1) La présence d'une colonne mobile à Aïn Sefra rend d'ailleurs presque impossible une émigration en masse, une insurrection comme celle de 1863.

Quand, en 1883, nous avons fait un pont d'or aux Oulad Sidi Cheik Cheraga pour les amener à se soumettre, ils ont été assez habiles pour ne laisser voir aucune impatience : ils ont payé d'audace et ont même exigé certaines garanties, certaines satisfactions, entre autres la reconstitution, aux frais de la France, de la koubba de Sidi el Abiod, que nous avions inutilement détruite.

En réalité, ils étaient à bout de forces. Depuis l'expédition de l'oued Guir (1870), les populations du Sud marocain leur refusaient l'hospitalité et les Touatiens ne les voyaient qu'avec inquiétude se fixer chez eux : leur situation était plus que précaire, leur soumission une question de mois et peut-être de jours.

(2) Dans une note précédente, nous avons expliqué la situation des Oulad Sidi Cheik Cheraga au Touat. Leur influence y est vivement combattue par celle des Oulad Sidi Cheik Gharaba (sujets marocains de par le traité de 1845) représentés de fait sinon en réalité par Bou Amama.

Il n'y a pas à mettre en doute que les agents du gouvernement marocain ne soutiennent en sous-main ce dernier, qui a de nombreux adhérents parmi les Touatiens et les dissidents Châamba qui, lors de l'occupation d'El Golea, se sont retirés dans la région des Areg; tandis que les Oulad Sidi Cheik Cheraga traitaient avec les chrétiens, Bou Amama est demeuré intransigeant : c'est ce qui lui donne son influence qui se double à certains moments de l'appui des nombreux serviteurs de l'ordre de Si Snoussi répandus dans le Touat.

tamment appliquée, c'est un fait certain, qu'elle semble
d'ailleurs reconnaître elle-même aujourd'hui ; il serait peu
équitable, nous avons dit pourquoi, de faire peser sur cette
administration toute la responsabilité de ces mesures.
On ne peut cependant pas dissimuler que ces erreurs ont
eu de fâcheuses conséquences en permettant au gouvernement marocain d'agir sur l'esprit des habitants du
Touat et, peu à peu, tantôt secrètement, tantôt ouverte-
tement, d'affirmer ses prétentions à la suzeraineté sur les
oasis des Areg.

C'est en vain que, dès 1891, le gouvernement français a
cherché à s'opposer à ces menées, qu'il a signifié au sultan
qu'il ne tolérerait aucun acte de souveraineté de sa part
sur des territoires qui rentrent dans la zone d'influence de
la France, ce prince (1) n'en a pas moins continué à agir
à sa guise, à affirmer son autorité et à nommer des kaïds.
Plus tard, il n'a tenu aucun compte des inutiles·menaces
que, tour à tour, notre ministre des affaires étrangères,
notre ministre de la guerre ont fait entendre du haut de la
tribune de la Chambre : il nous savait impuissants à appuyer ces menaces par des actes.

Mieux eût valu, sans doute, s'abstenir et attendre que
la France fût en état de faire énergiquement sentir son
action ; mieux eût valu surtout, dès 1891, se rendre à l'évi-
dence et se créer les moyens de sortir au plus vite d'une
situation fausse dont les Touatiens se rendaient aussi bien
compte que l'empereur du Maroc et qui les encourageait
dans leur hostilité.

*
* *

Tenons-nous-en à la lettre du traité de 1845 ; évitons de

---

(1) Nous parlons de Muley Hassan. Son jeune successeur au trône de
Fez n'a pas dû, depuis son avènement, avoir le loisir de suivre très
activement au Touat la politique qu'a inaugurée son père.

donner lieu dans l'Ouest, au sujet de ce traité, à la moindre contestation ; bornons nos efforts à obliger les habitants du Tidikelt, les commerçants d'Insalah, à compter avec nous, à faire droit à nos justes demandes, et, du même coup, nous obligerons le reste du Touat à s'incliner, à accepter notre influence et, sans doute, avec le temps, notre entière autorité.

Partout, surtout au Gourara et au Tidikelt, nous avons des partisans, des gens qui nous connaissent, qui ont vécu en Algérie et ne s'effrayent pas de notre contact : dès que nous nous montrerons forts, ils nous aideront ouvertement.

Une fois à Insalah, nous pourrons enfin lever le rideau qui nous masque la vue des grandes routes qui conduisent au Soudan et que nous a concédées la convention anglo-française du 5 août 1890 : les intérêts commerciaux ou autres, aujourd'hui impatients, pourront alors entrevoir les satisfactions auxquelles ils ont le droit de prétendre.

* * *

Depuis que les pages qui précèdent ont été écrites, une loi portant création de troupes sahariennes a été promulguée (5 décembre 1894), et un décret du Président de la République, en date du 9 décembre suivant, est venu régler toutes les questions de détail concernant le recrutement, la solde, l'habillement et l'organisation du nouveau corps.

La plupart des desiderata que nous exprimions ont reçu entière satisfaction : à bref délai le gouvernement de l'Algérie aura à sa disposition une force vraiment mobile qui lui permettra d'assurer, avec moins de sacrifices que par le passé, la garde des postes avancés, leur liaison, la protection des convois de ravitaillement et aussi, il faut l'espérer, la police du pays et la sécurité des tribus nomades qui nous sont soumises.

Les essais tentés depuis 1887 en vue d'organiser des petits corps de troupes sahariennes, s'ils n'ont pas réussi, n'auront, du moins, pas été inutiles : il en reste certainement l'expérience acquise, qu'on saura mettre à profit.

Bien appliqué par des officiers entendus, connaissant les Arabes du Sud, sachant les commander, le décret du 9 décembre 1894 doit, dans un avenir prochain, donner déjà de très sérieux résultats : tout au plus nous permettrons-nous de regretter qu'au début il n'ait pas été fait, dans la composition de l'effectif-soldats, des compagnies et des escadrons, une part plus large à l'élément français.

On peut craindre en effet qu'il ne faille un certain temps avant que l'on obtienne, des soldats recrutés parmi les indigènes et dont quelques-uns même n'auront pas été rompus à la discipline, la cohésion qui est surtout nécessaire à des troupes appelées à opérer par détachements peu nombreux.

Plus les détachements sont faibles et plus, dans les moments difficiles, il est besoin que les hommes qui les composent aient confiance les uns dans les autres, se sentent mutuellement les coudes : cette solidarité, nous nous demandons si, même avec de bons cadres, on parviendra à la créer assez rapidement.

Il ne suffit pas que les troupes sahariennes puissent pourvoir, dans de bonnes conditions, à la garde des postes avancés, à la protection des convois de ravitaillement que ces postes nécessitent et, dans une certaine mesure, à la surveillance du pays ; ce n'est là, à notre avis, qu'un des côtés de leur mission : celle-ci comporte un rôle plus actif et plus efficace.

Les troupes sahariennes devront exécuter, et parfois fréquemment, quelques-unes de ces courses rapides, audacieuses, dont nous avons parlé et qui, seules, pourront amener les Touatiens, les commerçants d'Insalah à nous craindre, à réfléchir et à nous consentir enfin les droits de commerce, d'accès et de haute police dont nous devons exiger l'entière reconnaissance.

C'est une guerre d'un genre tout nouveau qu'il nous va falloir entreprendre dès que l'organisation des troupes sahariennes sera suffisamment avancée pour qu'on ne craigne pas de lancer ces dernières par petites fractions, que seconderont des goums de Chàamba (1) choisis, montés à mehara. Nous ne parviendrons à vaincre nos adversaires qu'en leur empruntant leur tactique — qu'en nous efforçant d'atteindre à leur excessive mobilité.

Mais, pour cela, il est indispensable que les commandants supérieurs de cercle, sous les ordres desquels le décret du 9 décembre entend placer les troupes sahariennes, aient une presque entière liberté d'action, soient laissés libres de prendre, à un moment donné, sous leur seule responsabilité, telles mesures qu'ils jugeront nécessaires.

Si, pour courir sus aux djiouch de maraudeurs, si pour s'aventurer, parfois au loin, à leur poursuite, il faut au préalable l'avis d'un chef supérieur qui ne sera pas sur les lieux (2), qui ne pourra être mis que sommairement au courant des faits, toute répression deviendra illusoire, toute riposte impossible, et la présence de fractions de la force mobile à El Golea, à Ouargla, dans les postes avancés, restera sans effet. L'ennemi ne sera pas longtemps à se rendre compte qu'il n'a rien ou presque rien à en redouter : il s'enhardira et le succès de ses tentatives accroîtra rapidement ses forces.

---

(1) La constitution de ces goums, peu nombreux, composés d'hommes choisis avec soin, inspirant confiance, auxquels ils serait fait certains avantages (exemption d'impôts) ou payé une solde, devra compléter l'organisation de la force mobile du Sud, commencée par la loi du 5 décembre 1894.

(2) Le chef de l'annexe d'El Golea, le chef du poste d'Ouargla relèvent du commandant supérieur de Ghardaïa, qui, lui-même, relève du commandant de la subdivision de Laghouat.

Que pour les opérations, les coups de main à exécuter jusqu'aux abords des oasis et qu'il sera généralement nécessaire de préparer, en secret, un peu à l'avance, les commandants supérieurs soient obligés de demander l'autorisation de leurs chefs hiérarchiques, ce sera logique; mais, dans tous les autres cas, il est inadmissible que ces commandants supérieurs ne puissent utiliser les troupes sahariennes sous leurs ordres suivant les circonstances et ce qu'ils jugeront être les besoins du moment.

Sous un régime parlementaire, nous le savons, il est délicat de demander à ceux qui détiennent le pouvoir, le commandement, de se dessaisir en faveur de leurs subordonnés de droits auxquels s'attache une grande responsabilité : ils ont à craindre, en effet, de voir leur action engagée, parfois malgré eux et contrairement à leur propre appréciation.

La responsabilité, on l'a dit, ne se partage pas ; c'est là, peut-être, la difficulté la plus sérieuse que rencontrera l'institution des nouvelles troupes sahariennes pour arriver à donner tout ce qu'on est fondé à attendre d'elle.

Il faut espérer que des instructions ministérielles claires et précises viendront résoudre cette difficulté en définissant les droits et les devoirs de chacun, en réglant les responsabilités, en amenant une entente parfaite entre l'administration civile et le chef de l'armée en Algérie.

Une attention toute particulière, apportée au choix des officiers à appeler au commandement des cercles, des annexes et des postes de la frontière sud, peut aussi garantir contre les emballements, les actes de témérité que rien ne justifierait, et prévenir, dans une certaine mesure, les incidents fâcheux.

Mais il est un fait certain, c'est qu'on n'obtiendra de sérieux résultats qu'à la condition que les officiers placés aux avant-postes, en présence de l'ennemi, jouiront d'une réelle indépendance, d'une initiative presque complète.

Les troupes sahariennes, dès qu'elles seront formées, organisées, ne sauraient voir leur rôle réduit à un service de gendarmerie, de garde-frontières : on les énervera promptement, elles et leurs chefs, si l'on ne sait leur demander qu'une faible partie des efforts qu'elles doivent être susceptibles de faire.

Elles n'ont d'avenir, de raison d'être que si on les utilise, si elles sont sans cesse entraînées, pleines d'audace et prêtes à tout tenter.

A l'heure actuelle, l'attention de l'opinion publique est concentrée sur Madagascar, dans l'attente des événements dont cette île sera sans doute prochainement le théâtre : il n'y a là rien que de très naturel, mais il ne faudrait pas trop perdre de vue l'extrême Sud de l'Algérie.

Là aussi s'agite, depuis plusieurs années, une question dont la solution peut, d'un jour à l'autre, s'imposer et obliger la France à de pénibles et coûteux efforts.

Ayons la sagesse de vouloir nous en rendre compte et de prendre dès maintenant, en prévision de l'avenir, toutes les mesures susceptibles d'éviter au pays une douloureuse surprise.

La loi du 5 décembre 1894 est grosse d'espérances : elle va fournir au gouvernement de l'Algérie une arme qui lui a manqué jusqu'ici : que ce dernier s'applique à vouloir s'en servir, qu'il ne la laisse pas se rouiller au fourreau, et les portes d'Insalah nous seront bientôt ouvertes.

FIN

Paris et Limoges. — Imp. milit. Henri CHARLES-LAVAUZELLE.